LJULJZIM TAFA - ZAVJETNE PJESME

Izdavač
NVO Dignitas - Cetinje

Za izdavača
Vukan Lompar

Prevod
Ismet Marković Plavnik
i Qazim Muja

Lektura
Miraš Martinović

Priprema za štampu
NVO Dignitas - Cetinje

Štampa
Cicero - Cetinje

Tiraž
500

CIP - Каталогизација у публикацији
Национална библиотека Црне Горе, Цетиње

ISBN 978-86-86623-07-2
COBISS.CG-ID 29169680

LJULJZIM TAFA

ZAVJETNE PJESME

NVO Dignitas - Cetinje 2016.

ZAKOPAJ OVE RIJEČI

Knjigu *Zavjetne pjesme* čine šest pjesnički ujednačenih cjelina, koje međusobno korespondiraju i pretaču se u naslove ciklusa: *Zaspala si na mjesečini, Užasne pjesme, Kačaci, Crne parodije, Sam sa sobom i Izložba snova.*

Tafine pjesme su zavjetne, iskopane noktima i jezikom /kako je svoje pjesme kopao veliki grčki pjesnik Jergos Seferis/ iz života, iz kosovske zemlje, ali važeće za sve zemlje i narode. One su svjetleće metafore, koje isijavaju i odašilju univerzalne poruke. Zato se mogu artikulisati kroz sve jezike, biti razumljive svakom čovjeku. Izbrušene su u gnome, napunjene iskustvom i sudbinom. Sudbinom čovjeka, ali i sudbinom svakog živog stvora, konja na kiši i ratnika pred akciju i borbu.

Ljubavna lirika sa početka ovog izbora, ubrzo prerasta u pjesme užasa, u krikove koji odjekuju Kosovom, i planetom, nalazeći svoj dom u srcu čovjekovom.

Na kosovskoj zemlji, na kojoj je Tafa rođen, prisutan je međunarodna mirovna misija UN - UNMIK, koja nosi i posebni režim življenja.

Htio ili ne, taj uvezeni stil narušava tradiciju naroda koji živi na Kosovu, konkretno tradiciju albanskog naroda, a ta tradicija ga je držala i održala kroz istoriju. No, nužda mijenja zakone.

Strani faktor, unosi novine, koje narušavaju tradiciju i njenu čistotu, na šta Tafa ukazuje svojom poezijom. Za primjer uzimam pjesmu *Očaj* iz ciklusa *Crne parodije*, koja glasi:

Djevojčica seljančica
Kosu skratila
I sada nevaljalica
Na česmu odlazi
Gdje ne prestaje da plače
Otkad joj neko reče
Hasan – aga je postao gay.
Ima svog dragog u UNMIKU-u.

Po čistoti duše, njegove i njegovog naroda, ova poezija je pisana živim rukopisom, iz kojeg isijava zvjezdani sjaj.

Ona je svojevrsno svjedočanstvo o vremenu u kome se ostvaruje, ali i metafizički glosarij koji joj daje trajnu dimenziju. Tafa ostavlja pečate u vremenu. Posebne znakove i autentična obilježja, što je zadatak svakog pjesnika.

U pjesmama Ljuljzim Tafe, progovara zatomljena sloboda, snažni gejzir iz srca pjesnika. Ove pjesme su dozivne iz prostora u kome obitava arhetipsko, iskonsko. One su vjerni i sigurni čuvari iskonskih činova, koje Tafa prenosi u svoje vrijeme.

One jesu tužne, s onim ovidijevskim prizvukom tugovanki, ali iz te žalosti, opšteg stanja – pretvaraju se u snažne metafore, koje obasjavaju tamu Kosova, i tamu čovjeka koji živi na njemu. Rađane iz pradubina, iz srca zemlje i čovjeka.

Iako, naizgled i ponekad užasne, kako je i naslovljen jedan ciklus u ovom izboru, u suštini i nježne i tople, s humanim porukama, s težnjom da se iz užasa izađe oplemnjen. Tafine pjesme oplemenjuju. Svako ko ih pročita, biva pročišćen, sa porukom ljubavi i dobrih namjera. Kao primjer, iz ciklusa *Užasne pjesme*, navodim pjesmu *Kradljivci božurova:*

Ne znam što krv se lila
Ne zato što su djeci
Jabuke rumene na licu.

No što krv je
Potekla
I čovjeka
Božura
Neko otkinuo.

Svako ko prođe kroz pakao mržnje, rata i užasa, a ostane čovjek, položio je ispit pred istorijom, etikom i poezijom (pred njom posebno!), ne može a da se ne sjeti atmofsere na Kosovu, koju eliptično i uvjerljivo sažima pjesma *Ratna atsmosfera:*

Na Kosovu je toga dana
Hljeb poskupio
I ulje
I brašno
Samo je životu pala
Cijena
Smrti je bilo
U izobilju.

Ova poezije je po duhu slična poeziju **Ungaretija,** po konciznosti izraza, po krikovima i bolu, patnji koja prerasta u plemenitost. Iz surove kovine života, istopljen je plemeniti meal – čisto zlato poezije. Ovog italijanskog pjesnika mnogo je volio naš zajednički prijatelj **Ali Podrimja,** pa je ovo prilika da pomenem oba velikana, Ungaretijevu pjesmu *Hodočašće,* njene stihove i njega, *unomo di pena,* čovjeka patnje, iz koje je, kako je i sam rekao, iznio napaćenu dušu, u ožiljcima, ali sa bolnom vedrinom stradalnika, i stihove pisane na listićima, dopisnicama, omotima za municiju, sve ono što je radio kao ratnik, i pjesnik. Iz ratnog pakla, rodila se pjesma:

Ungareti
Čovječe patnje
Dovoljna ti je iluzija
Pa da postaneš hrabar

Tafa je ostao čovjek i pjesnik, kada to nije lako biti, u mračnim vremenima koja se u istoriji jave, a koja je upravo tako dijagnosticirala poznata filozofkinja, Hajdegerova učesica **Hana Arent** u knjizi *Ljudi u mračnim vremenima.* Pitajući se: kako bi preživjeli bez tih rijetkih, a tako potrebnih svjetiljki? I šta bi mi bez njih u vremenima tame?....

Iz tih i takvih vremena – izrasla je, poput najljepših cvjetova, blistava, čista poezija, baš kao ona Ajkuna o kojoj on pjeva u ciklusu *Kačaci.*

Bodlerovski cvjetovi zla – izrasli su u Tafine cvjetove dobra. Iz patnje je rođena mudrost. Stara istina, koja se potvrdila, kroz ovu poeziju.

Iz beznađa – rodila se nada. Ovaj pjesnik, propovjednik nade, nosi sunce kroz tmine vremena. Tako sam ga vidio, čitajući njegovu poeziju. Iz smutnog vremena – potekao je bistar izvor, rodio se autentični pjesnik. Tafa spada među znamenite pjesnike albanskog jezika, kakav je Ali Podrimja, korifej te poezije, i Azem Škrelji, kome u ciklusu *Izložba snova* posvećuje pjesmu LAMENT, koja na najbolji način artikuliše Tafinu misiju, viziju i sudbinu pjesnika:

Pjesnik nikada nije stavio
Tačku na stih
Već kada je prevršila
Čežnja izgnannička jednog dana
Ta ga je tačka pogodila u srce.
Pohitao je
Jer je u smrti htio
Da sleti
Na Kosovo.
I od danas
Smrt je postala divna lirika.
Pjesnik nije umro
Samo ga je tačka pogodila
Iz stihoova u srce.

Poslije ovih stihova, siguran sam da nijesu umrli, ni Podrimja, ni Škrelji, ni Din Mehmeti, moji i naši, dragi i omiljeni pjesnici. Ni Anton Pašku, albanski Džojs, prijatelj iz mojih kosovskih dana.
Podrimja je Tafu nazivao svojim nasljednikom. Kompliment za svakog pjesnika. Takve komplimente Podrimja je dijelio samo rijtekoma.

Poezija živi, uprkos smrti. Potvrđujući se u prolaznosti.

Tafini stihovi niču iz kosovske zemlje, poput najljepših cvjetova. Oni su zakopani duboko, i ta dubina im daje raskošno cvjetanje i poseban sjaj.

Za naslov ovog teksta – nijesam slučajno uzeo naslov Tafine knjige, objavljene u Prištini 2015. godine. Čitajući stihove koji čine ovaj izbor, nalazio sam ih i u sebi, u srcima budućih čitaoca, u budućim vremenima. Pod lozinkom *Zakopaj ove riječi* - živi ova poezija, koju toplo preopurčujem. Srećan, što sam imao privilegiju da je čitam, i što mi je data čast da napišem uvod za crnogorsko izdanje, a uvjeren da će ovaj most od riječi biti još jedna lijepa i trajna spona između naroda i literatura, albanske i crnogorske, u ovom slučaju.

Te privilegije i časti ne daš
evaju se često. Ovaj moj uvod, mali je dar Tafi, njegovoj, i u ukupnoj albanskoj poeziji.

Herceg Novi, novembra 2015.

Miraš Martinović

10

ZASPALA SI NA MJESEČINI

12

VREMENA

Jedino nokti ostaju nokti
Dan sjutrašnji donosi nam nešto novo
Jer smo se sa starim ukrvili

KONJ NA KIŠI

Koliko se na tebe kiše slilo toga dana
Samo da bi drugi prodavci
Bili grožđari i bostandžije
Da bi sudbine zamijenili.
On je u nebo gledao
Sunce nije namjeravalo da zađe
Ni danas
Jer kiša će prestati jednoga dana
Svakako jednoga dana.
I kažu da kiša neće konja rastopiti
Konja koji na kiši kisne i na povjetarcu se suši
KONJA BEZ IMENA
BEZ UZDE
BEZ BOGA
KONJA POKISLOG NA KIŠI

ZASPALA SI NA MJESEČINI

Zar ne žališ me
Sunce ti zar oči zaslijepilo
Zaspala si u sjeni mjesečine
I ne htijući stavih te u pjesmu

Zašto plačeš
Zar oči te ne zabole
Doći ću u tvoj san
I zaboravit ću pravac povratka

Iz tihog plača
Iz tamnog sna
Ne plači molim te
Zar ti mene malena nije žao

NEDJELJOM ME VIŠE NE ZOVI

Nedjeljom me više ne zovi
Mogu i ne probuditi se
Te zauvijek ostati u snu smrti

Ne zaboravi trenutke zaleđene
Samo nedjelju za dan svoj izaberi

Za tebe kad umrem ti
Iza sedam brda da ime pronađem ti
O, kako ne dođeš drugim danima

TEUTA

Noćas te Teuta prizivam
Da u birtiji Otrov ispijemo
Što ga jezik tvoj sipa

Oči su ti ledeni izvjestioci
Na skrhanoj grani
Sudbine razbojnika

Teuta
Tebe su bogovi pokorili

SJUTRADAN

Hoćemo li ponovo sjesti Teuta
Na stolice drvene
Staklenim čašama da nazdravimo
Sudbinama i srcima

Ponovo ćemo sjesti
Uspomene da preberemo
Stihove da iščitamo
Od prošle noći

Daj mi oči da vidim sunce
I kako padaju zvijezde
Nebo kako pada

Ponovo ćemo sjesti Teuta
Da snove ispričamo
Od noći protekle
Očiju otvorenih jutro da nas zatekne

Opet ćemo sjesti
Na stolice drvene
Čuvaj se Teuta
Od Života
Od Smrti

PAMTIM TI LICE

Lice ti pamtim
Krv smrzlu suzu
Nada mnom

Pamtim ti jezik
Zmiju otrovno-crnu
Sudbinu mi opasuje

Kad ti zaspiš
Ja budim se
I bdim sa sjećanjem na tebe

DREVNI GRAD

Lagani leden vjetrić puše
Drevnome gradu vjetar žaluzine njiše

Nisam lud da volim te
Drevni grade prve ljubavi

Pedljima ulice da ti mjerim
Drevni grade bez tvrđava od kamena

Koje se u smjeru kazaljki nižu

TIHA KIŠNA NOĆ

Tiha kišna noć
Šutnja gradska ubija
U pozno doba
Putnika odocnjelog
U gradu prokislom

Tiha kišna noć
Putnik usamljeni
Gradu prokislom
Noćas krunu spravlja

Tiha kišna noći
Ne zatiri tragove moje
U gradu s mirisom krvi

SJUTRA ĆE PADATI KIŠA

Sjutra se vidjeti nećemo
Padat će kiša
Nedjelja je
Spavat ćemo stoljeće cijelo

Ne znam
Hoće li sunce pojaviti se
Hoćemo li vidjeti se
Nakon kiše i sunca

Sjutra će padati kiša
Tebi klanjat ću se
Očima tvojim
Propastima bogova

Ne znam da li bog plače
Ili kiša pada
Sjutra se vidjeti nećemo
Kiša će padati

Sjutra ćemo oboje umrijeti

U NAŠEM ODSUSTVU

Drugarima školskim

Nema nas više
Jedan umro je
Drugi u vojsci poginuo
Neki u izgnanstvu
Odveć smo se umanjili
U jednom danu.

Drugaricama iz razreda

Neke čekaju crne vozove
Neke su postale nevjeste izgnanika
Plačući odoše.

Ostala je samo jedna
Pored vrata učionice skratila kosu
Znak dajući
Da zaboravit ćemo se.

1989

OSTAVKA

Ako hoćeš
Uzmi češalj
Očešljaj noć
Poput rospije
Oboji nokte

PJESNICI

Kad se bogovi naljute
Rađaju se pjesnici.
S prvim znakom života
Ustaju protiv boga svoga.
Protestiraju.
Kad odrastu
Prave svinjarije
Dijele letke
Protiv samih sebe
Kao demonstranti po gradu.
"Suvišno dijete svake majke
postaje pjesnik."

KAD UMREM

Kad umrem
Ne plači draga
Izdao sam te
S curama druge planete.

Kad umrem ne plači sestro
Grudima Skender-begovim hrvem se
S morskim nemanima.

Kad umrem ne plači mati
Već podoj
Ove
Metafore
Vajne
Kao mene nekada...

TEORIJA TUMAČENJA SNOVA

Ako si u snu Zmiju ugledala
Neko ti je igru pokvario.

Ako si u snu slobodu vidjela
Neko se ruga ropstvu tvome.

Ako si u snu oči moje zapazila
Neko te je prevario.

Rekoh ti tvrdoglavice
Rekoh ti
Ne spavaj
Jer snovi ti ljubav
Na nos nabijaju.

UŽASNE PJESME

SMRT PORUČUJE

U ovom ću ratu poginuti
Za svako puce
Na prsluku
Po jedan ću kuršum dobiti
I svaka kap krvi
Postat će puce
Na košuljama i prslucima
Mojih
Vojnika i kapetana

UŽASNA PJESMA

Ne daj bože zla
Ustaju i nailaze
Grudima ih dočekujemo
Za vrat se hvatamo
Ne daj bože zla
Nailaze da nema dana
Bez od kuršuma đerdana
Ni pojasa bez noža
Ne daj bože zla
Bez bojazni nasrću
Na gola grla
Na grudi nejake.
Ne daj bože zla
Ustaju i nailaze
Ne daj bože zla
Evo dolaze.

RATNA ATMOSFERA

Na Kosovu je toga dana
Hljeb poskupio
I ulje
I brašno
Samo je životu pala
Cijena
Smrti je bilo
U izobilju

KRADLJIVCI BOŽUROVA

Ne zato što krv se lila
Ne zato što su djeci
Jabuke rumene na licu.

No što krv je
Potekla
I čovjeka
Božura
Neko otkinuo.

ZAKON ZA ZAŠTITU ŽIVOTINJA NA BALKANU

Ljudska prava
Poštuju se
djelimično,
a kod životinja
u potpunosti
u svakoj kasapnici

MI

Ništa drugo ne činimo
Odijevamo
I razodijevamo
Metafore.

Odijevamo
I razodijevamo
Hrastovima
Koru.

Po ćejfu
Blizancima
I potomcima.

Zaboravljamo otadžbinu
Ćefinlije
Ljubavnici
Ljepotani.

REPORTAŽA IZ SVETOG RATA

Mi robovi rata uzbrdo grabimo
Ne znamo kud smo krenuli
Ni gdje stižemo za dana
Oni nas tjeraju i u obruč hvataju
Oni u obući sa zupcima gvozdenim
Mi bosi gladni neobrijani
Danima neokupani s kosom kao četka
S dušom u nosu zasjede zaobilazimo
Pljujemo parčad krvi sudbine
Grudve čije prijanjaju nam za jezik
One govore mi šutimo, u obruč upadamo
Na kraju dižemo ruke uvis, vucima se predajemo
Na milost njihovu ostajemo
zubima i pogledima njihovim rastrzani
a naše oči rastu
tri silovatelja na jednoj ženi
usud neravnopravne borbe
pred našim očima uživo porno-predstava se daje
gledati je mogu i mala djeca
koja stoje u redu, sasvim hladno posmatramo
bez erekcije, obuzima nas erekcija smrti
jadna ti dobra ženo, sasvim na kraju
živo meso reklo bi se, spašeni i probuđeni
rat se događao u nekom drugom životu
pred gorskim divovima listom

TAKSE

Ubrzo će uvesti
Takse na snove
I na osmijehe
Dobro li je tek
Što ne taksira
Bolove
Država humanosti

IZVJEŠTAJ SA KOSOVA 99

Ovdje se ne ukidaju prava
I slobode čovjeka
Ovdje se samo skidaju glave

KAČACI

LJUBAV KAČAKA

Sam si me zvao
Zatim izdao
Htjede me ubiti.
Pištolj izvadih iza pojasa
Ti nož mi u oko zabi
Dok ruke moje
Zgrabiše grudi tvoje
Kuća planu.
Sam si me zvao
Na *besu*[1] posjekao
Zašto to
Lijepi moj
I voljeni
Jado.

---

[1] besa, alb. = data riječ

AJKUNA

Na svjetlu mjesečine zatekoh Ajkunu
Dok muze stado
Ajkuna
Šta činiš stadu
Činit ću i ja tebi
Ah jadna ja i moji bravi reče
Sjetivši se da vuk joj je
Na grlo navalio

ČOBANSKA

Čuvaš
Griješiš
I kažeš
Ajkuna
Da pogodio te
Bandit
U srce
Da obrao je
Jabuke
I usne
Čuvaš
Griješiš
Kazuješ
Ajkuna

IGRE

Hitnem kamenčić
U minsko polje
I...
Žmurke tragam
Za zrnom masline u tebi.
Radujem se kad ga ne nađem.
Kad ga nađem slatko povratim
Hvata me drhatavica
Bolje bježi od mene
Ajkuna
Jer smo uhvaćeni
Bit će kopiladi.

RAT

Ajkuni su ušli
U trag
Da je banditu grudi dala
Zatim su joj dom spalili.
Sa prozora odakle je rukom mahala
Izvijao se crni dim.
Ali ja nisam više bio
Bandit ljubavi.
S puškom u oku
Iz čete
Za osmatranje
Iz žbunja
Gledao sam začuđen.

NEOBJAŠNJIVI RASTANAK

Ti me više nemaš
Niti ja tebe imam.
Sjećam te se čovječice
Ajkuna
Šta će ta suza u oku.

PROTIVOPAŽANJE

Sjedi, sjedi, Ajkuna.
Oslonjena na čežnju
Gleda, osmatra
U pravcu šume?
Misli je u šamiju umotala.
Noćas će biti
napadnuta,
Ajkuna,
Ne brini,
Jer ćemo biti
Prava gerila.

NEPRIZNANJE

Neka
Ajkuna
Samo su te mogli zaklati
Da nije bilo Komita.

LOM

Ajkuna stado ostavi
ostavi
Na plotu čarape
Hakerka postade
Provali u pasword moj
I kad saznade
Kako junaci izdaju
Konopac i hrast
Nigdje ne nađe
Dok jednog dana
iznenada
Pojavi se ljepotica
na ekranu
Reklamirajući kondome
Kompanije
"My Love"

MOST

Podigoh most
Ovdje u Sarajevu
Dugačak
Bez projekta
Bez arhitekta
Žice uspomena uzidah
kao čelične niti
Čežnju zamiješah
Kao beton
Samo ga dahom napravih
Čvrstim
Za srce vezanim
Prođi slobodno
Kaže ti Bog
I anđeo bijeli drži te
Za ruku

CRNE PARODIJE

CRO E PARODIJE

OČAJ

Djevojčica seljančica
kosu skratila
i sada nevaljalica
na česmu odlazi
gdje ne prestaje da plače
otkad joj neko reče
Hasan-aga je postao gay
ima svoga dragog u UNMIK-u*

---

* UNMIK = Međunarodna misija UN na Kosovu

CRNA PARODIJA

Junaci
Mujo i Halil
Sišli s konja i uzjahali
Crne džipove
Harač po gradu prikupljaju.
U javnoj kući Žuja Selmana
Ibrahim Halač vodi ljubav
S jednom rospijom
Noću se od side liječi
U privatnoj klinici
Đerđa Eleza Alije.
Ja novi Junak
Držim ruku na revolveru
Hoću da ustrijelim jednog špijuna.
Oh što je okrenuo
u veselje
Ćor Iljaz.

JUNAK NAD JUNACIMA

Heroja su opkolili
Sa svih strana
A on zabavljen u kuli
S jednom rospijom
Seksao se
Duboko razočaran
U historiju
Što ga nikad neće pomenuti
U guslama i čiftelijama*

---

* *čiftelija = vrsta tambure sa dvije žice, slična šargiji.*

AZEM I ŠOTA

Azem* se jogunio u bitkama
kad su Šoti* stizali milosnici.
Kažu da mu je mnogo
grlo cijevi
puščane
dimilo.

*Opjevani, legendarni i ljubavni par, Azem Bejta i
*Šota Galica; odmetnici i bojovnici.

58

ŽRTVENIK

Havziju Neljiju

Sud i pravosuđe
proglasiše ga krivim i kazniše
smrću, vješanjem na konopcu, potom
dranjem kože slikaru
koji je imao hrabrosti da naslika
Velikog čovjeka, nabijenog
na onu konjsku stvar.
Reagovaše grupe homoseksualaca,
nekrofila, pedofila, zoofila,
partija proisteklih iz mira, iz rata,
parlamenti Evrope
Ugande
i Kosova, savezi pisaca
umjetnika, novinara
ali Sud ga ne skide
sa konopca,
niti slikara
sa žrtvenika

KLETVA

Psi se najeli
Ove domovine
Koja nas žive
U zemlju utjera.

VODA

Sasvim nestat će
Nijedan gutljaj
Za smrtnu uru
Da se nađe.
Nijedna kap
Da kane.
Vatro džehenemska
Ko će te
Ugasiti?

MINISTROV PAS

On šeta s njim
svake večeri
na trgu.
Ljudi oba pozdravljaju.
Kad ministar mahne glavom
on mahne repom.
On zalaje, kada se on namršti.
Dobro se razumiju.
Pseći i ljudski
istovremeno.

SAM SA SOBOM

KAD JE BARDO POLUDIO

Kad je Bardo poludio
Nisu ljudi od njega bježali
On je bježao od njih
Državu i vlast je psovao
Činilo mu se da horoz
Kukuriče
Usred noći.
Sačuvaj nas Bože
Horoza zloga koji laže
Vikao je ljudima
Zakoljite ga!
Miriše na gavrana.
Kad je Bardo skrenuo
Htio sam da vidim
Je li poludio
Zaista!?

SAM SA SOBOM

Teško
No, treba snage
Jebeš mu Mater.
Sunce se blizu primaklo
Žega žeže
A mora se
Jebeš mu Mater.
Oni kojih nema nikada neće doći.
Onih kojih ima nema dovoljno.
Nisi siguran
Da li je Bog sa tobom, a
Ljudi su ti na vrat natovareni
I vlast.

Teško
Ali mora se.
Ah
Jebeš mu mater.

PUBLIKA

Oni koji sjede u
Prvom redu
Često traže... mater
Ništa ne razumiju
Od umjetnosti
Drugi dio
Korektan je
Kao dukat sija

NORMA

Ko ubije jednog
neprijatelja u ratu
ima pravo
da ubije
deset Albanaca
u miru
Mir je to
tako mi k...

RODOLJUBI

Puno vole
domovinu
ljube joj tlo
Zaklinju se
u kamen i u ploču
Zatim,
ne pitaj
pukoh

PRECI

A vas junake
Što ne pozvaše
Ima li svadbe s đavolom
Igdje
Ulema
Će nam mater
Jer nema više ovog stabla

VELIKO HTIJENJE

Polomi smo ga
jer htjedosmo živog
na odar
da ga stavimo
Tugu
i popudbinu
iz ruke
da mu maknemo
Boščru punu bolova

EPITAF

Ne nastaje zalud
Nijedan stih
Koju bolest od muza
Prenosi lira
Mater joj jebem
Kako je umrla
Poezija

IZLOŽBA SNOVA

DJEVOJKA IZ DUKAĐINA

Ti na jutro ne ličiš
Ni na jorgovan probuđeni
A bistra si
Bistrija od suze
Od vode
Bijeloga Drima
Od vode
Crnoga Drima
Kao rosa
Kao kap kiše
Sveta si
Svetija
Od svetica
Od Rozafe
Od sestre Đerđ Elez Alije
Lijepa si
Ljepša
Od djevojaka iz mašte
Kristalna si
Kristal ti u oku
Zlatari te u prstenove rezbare
Mladi momci
Pred ogledalom
Sebe ubijaju
Ništa na tebe ne liči

Više od bulke
Djevojko iz Dukađina
Čuvaj se mladog mjeseca
I crnih marama
O Jurjevu
Kad ti pletenice ispletu

PREDOSJEĆANJA

Meteorolozi su
Tačni
Spram sudbine.
Predviđaju temperaturu
Krvi
I bolove za sjutra.
Drhat i grmljavinu
Od sedam stepeni Merkalija u srcu.
Kapi kiše
I čežnje.
Te poljupce
Tako malo poljubaca.

TREŠNJICA

Ti više
od svake
voćke u vrtu
imaš trešnje
u oku
na usnama
i na grudima.

IDILA

Čim ugledah te
Oči mi ostadoše
U tvojim očima
Usne mi ostadoše
Na tvojim usnama
Sav
U tebi ostadoh
Sva
U meni ostade

ULCINJANKA

Opija me sjećanje na tebe
Ulcinjanko
Debeljuco
Zrna masline
Imala si u očima
I na vršcima prsiju.
Te noći
Dugokosa
Bila je zaparina
Dok jezikom
Kuglice sam milovao
Ukus života
Moja zrna masline.

SINONIMI

Voljko ti kaži
Srce mi je
Ljubavi puno
Voljko ti reci
Srce mi je
Puno Sarajeva

LAMENT

Azemu Škreljiju

Pjesnik nikada nije stavio
Tačku na stih
Već kad je prevršila
Čežnja izgnanička jednoga dana
Ta ga je tačka pogodila u srce.
Pohitao je
Jer je u smrti htio
Da sleti
Na Kosovo.
I od danas
Smrt je postala
Divna lirika.
Pjesnik nije umro
Samo ga je tačka pogodila
Iz stihova u srce.

SVETA KIŠA

Za gradove, kamenje, pustoline
Za polja lešina, riđe pse i slijepe konje
Za ljude i prepune crne vozove
Za livade za kosidbu, za neprijatelje posječene kosom
Za kamenje iz međa i kamenje grobljansko
Za ljubomorne spomenike
Herojima magle
Za Meku albansku
Vatikan
Za nova hodočašća
Za preprodavce i za proroke mrske
Za pozorište, mjesec nijemi, boga usamljenog
Za društvo pisaca, pjesnike, policajce, neprijatelje
Za Teutu, azilante, ljubavi zaboravljene
Za urednike, invalide, novine, prevarante
Za javne kuće
Kopilad
Prostitutke
Za balave grijehe, za dokaze
Do đavola ukletoga
postoji
hiljadu i jedan razlog zašto će
najzad
ta Sveta Kiša
pasti

DRUGO ZAZIVANJE SVETE KIŠE

Za snove, sudbu, grlo prerezano
Za primamljiv ukus živog mesa
Za led, vatru, vodu talasa
Za tabute, kovčege čežnjom ispunjene
Za krv, slobodu, ropstvo zagonetki
Za kuršume i golubove u mašinkama
Za majke, šamije, torbe pune bola
Za junake, hvalisavce slobodom bezveze
Za hrđu srdaca podijeljenih na troje
Za tutore i bogu na uho šaptače
Za heroje preživjele, vitezove razočarane
Za kožu šugavu, ružno lice
Za vražju kišu koja ne počinje da pada
Za sanjarije krijumčara u sjeni
Za bijeli ćefin na crnom obrazu
Za kvaran zub u ljepoti nade
Za ljubav kolebljivu, za novu Itaku
Za mene, tebe, za nas

LAGANA EROTIKA

Pamtiš li
Kad smo bili
Mladi
Pa sam te svlačio
Očima.
Ti nigdje
A ja
Na
Tebi.
Negdje kasno
Izmiješaše nam se
Vrhovi prstiju.

NESPORAZUM

Jabuku rekoh
daj mi
Ona mi dade
jabuke
Kao trešnja
pocrvenje
A ja
se nađoh
na vrhu nje
Na stablu trešnje

TELEFON

Veoma tužno zvoni
Usred sna
U ponoć
Plavi telefon
Putem žica održava
Veze među srcima

BEŽIČNA LJUBAV

Ideja o wireles-u
Rodila se
Iz ljubavi
Jer srca održavaju
Veze bez žica

VUK KOJI NE PRIPADA ČOPORU

Vuk sam
Ali sam
Sui generis
Vuk koji ne pripada čoporu
Čoporu koji ide za
Strastima jedne kučke
Vuk sam
Koji ždere svoju žrtvu
Koji ne sjedi u kolibi
Koji voli svoju dragu
Samo jer kada je hoću proždreti
Može se usprotiviti

LABORATORIJA

Kako
Pravite heroje
U podrumima
Bez ikakvog higijenskog uslova
U toj prljavštini
Gdje se prave heroji
I gdje se
Po toj cijeni prodaju

TEHNIČKO OPISIVANJE
RASTANKA

Ti mi isključiš struju
Zjenice oka mi gasiš
Tama
Niti vidim
Niti čujem
Metal bez čula
Ti termocentrala
Gigantske snage

ZAKON O ZAŠTITI ŽIVOTINJA

Prava čovjeka
Se poštuju
djelimično,
Ali, životinja
potpuno
U svakoj kasapnici

LEGALNA NEPRAVDA

Ustav je legalizovao Gay
Zato vlast ima pravo
Da sve jaše bez razlike
Rasne i rodne,
Dok ja tražim ograničenja
Barem za djecu
Ispod šestnaest godina

SMS

Zdravo srce
Sunce mi je blizu
Samo metar
Ti, kap vode
Što pakao gasiš

ISKUŠENJE

Zvala se trica
Igra koja se ne odvija u polje
otvoreno fudbalsko
Ni Tenisa.
Al' je igra
Sa mnogo lopti
Meď vruće evidentne tačake
Na postelji ispružen
Mrtav pijan,
definitivno
Priština te hipnotiše
Kao pjena šampanjca.
Kao srednjovjekovna romanca
Svijećama i cvijećem
A po običaju na usnama
kocke čokolade sa rumom.
Ubijeđeni da stvaramo umjetnost
One zatvoriše oči maramom
Dok moje zjenice rastu neprestano.
Počinjemo iz početka bez signalizacije
Samo vrhom jezika.
Ko to razumije
Teška igra, bez arbitra
Igra bez pravila jer nema
Pravila u onoj anarhiji
Nema ko označiti početak ni kraj

Nema gledalaca al' ima
mnogo ovacija igračima
Komplet postadosmo neočešljane kose
Kao da smo ušli ili izašli iz ludnice
a grijeh smo saznali samo iz prstiju.
Za trenutak
pomislih da me zgrabiše orlovi
U kandžama
Raširi se na me ulje zabave
Postadoh proizvođač soka od banane
Dok ne ostade ni kap za lijek
Časna riječ ne znam kraj
Jer se malo, veoma malo
Čovjek sjeća
Od one napasti

ONA JE VIP

Ona je VIP i
nije tako jednostavno
Imati je u krevetu
Pogotovo poslije
Gaženja po crvenom tepihu
Ti osjećaš
Njene crvene usne
„Orgazam sa crayzi
Holivuda"
Nije tako jednostavno
Imati VIP u krevetu
VIP što bijela joj tečnost
svjetluca u zubima

TRAŽEĆI SEBE

Izašao sam danas
S glavom u ruci
Sebe tražiti
Putevima
gdje sam bio ostavio
malo ljubavi
i neke bolove
starim putevima
nasutim čežnjom
Slatkih usana uspomena
očima
Gdje sam se sakrio
Poljubaca
gdje sam se napio
Izašao sam danas
Sebe tražiti
Gledam u sunce
na zemlji sam
Il' na nebu
Izašao sam danas sebe tražiti
A gdje sam
Nigdje
Nijesam.
Izašao sam danas sebe tražiti
Ako ga ne nađem
Još malo

mnogo
Ću se razočarati
Počeću čežnjivo
Pjevati
I kukati

HRAST I KRST

Ubiše me
Objesiše me na hrast
Ne razapeše me
Jer bi me u Hrista pretvorili.
Hrast krst
Krst drvo
Hristos na krstu
Kanap na hrastu
Zato me ne razapeše
Jer bi me u Hrista pretvorili.

PASJI ADN

Četrdeset i četiri očeva
I jedna majka kučka
Nikada ne shvatih
Zašto su joj dodijali

IZLOŽBA SNOVA

U galeriji umjetnosti
Uskoro ću otvoriti
Izložbu snova
I vidjet ćete
Kako će bosti oči
Ljudstvu
Kako će kritika
Poludjeti

Ljuljzim Tafa rođen je 2. februara 1970. godine u Ljipljanu, blizuPrištine, na Kosovu. Pripada pjesničkom naraštaju koji se pojavio devedesetih godina, u veoma teškom vremenu za narod Kosova, kojem je zaprijetilo masovno uništenje ludilom balkanskih ratova.

Osnovnu i srednju školu završio je u Ljipljanu, studije prava (i magistraturu) na Pravnom fakultetu Univerziteta u Prištini, dok je zvanje doktora pravnih nauka stekao na Pravnom fakultetu Univerziteta u Sarajevu.

Uporedo s naučnim radom, objavio je više knjiga iz oblasti književnosti:

- *Krv nije voda*, poezija, Rilindja, Priština, 1993.

- *Žalosne metafore*, poezija, Rilindja, Priština, 1993.

- *Planeta Babilon.* Dramatizovana poezija, Rilindja, Priština, 1999.

- *Imam još dvije riječi,* poezija, FaikKonica, Priština, 2011.

- *Zakopaj ovih rijeci, poezija, 2015, Faik Konica, Pristina*

Prevođen je na nekoliko svjetskih jezika, dobio je brojne književne nagrade i uvršten je u nekoliko antologija. Uključen je u mnoge aktivnosti iz oblasti ljudskih prava.

Piše poeziju i drame, bavi se književnom kritikom i publicistikom.

Radi kao univerzitetski profesor na nekoliko univerziteta na Kosovu i izvan njega. Sada obavlja dužnost rektora Univerziteta AAB.

Živi u Prištini.

SADRŽAJ: